- Collection "Nocturnes Théâtre" -

31

Du même auteur, Larry Tremblay

- *Le déclic du destin*. Théâtre. Leméac, 1989.
- *La place des yeux*. Poésie. Trois, 1989.
- *Gare à l'aube*. Poésie. Noroît, 1992.
- *Anna à la lettre C*. Récit. Les Herbes Rouges, 1992.
- *Leçon d'anatomie*. Théâtre. Laterna Magica, 1992.
- *Le crâne des théâtres, essais sur les corps de l'acteur*.
      Leméac, 1993.
- *The dragonfly of Chicoutimi*. Théâtre.
      Les Herbes Rouges, 1995.
- *Le génie de la rue Drolet*. Théâtre. Lansman, 1997.
- *Ogre*. Théâtre. Lansman, 1997.
- *Cornemuse*. Théâtre. Lansman, 1997.

◆

Larry Tremblay est né à Chicoutimi en 1954. Il est professeur au Département de théâtre de l'Université du Québec à Montréal où il enseigne le jeu.

Depuis près de vingt ans, il participe à de nombreux spectacles comme acteur et metteur en scène, tout en poursuivant un travail sur l'écriture (poésie, théâtre, récits, essais).

Il a en outre étudié le kathakali au cours de plusieurs voyages en Inde.

◆

Tous droits de traduction, reproduction, adaptation et représentation réservés pour tous pays. © Lansman (Editeur) et Larry Tremblay.

D/1997/5438/186   ISBN 2-87282-185-6

- Théâtre -

Ogre

-

Cornemuse

Larry Tremblay

- Editions Lansman -

L'auteur remercie chaleureusement le Centre des Auteurs dramatiques de Montréal (CEAD) qui a grandement aidé à la diffusion de *Ogre* et *Cornemuse*.

Ogre

pour Marguerite

La pièce *Ogre* sera créée, à Montréal, en janvier 1998, dans une mise en scène de Martine Beaulne, avec Carl Béchard dans le rôle-titre. Une production du Théâtre d'Aujourd'hui.

Elle a été diffusée sur France-Culture en mai 1997 dans le cadre de l'émission de Lucien Attoun, "Le nouveau répertoire dramatique". Une réalisation d'Etienne Vallès, avec Jean-Michel Dupuis dans le rôle-titre.

Apporte-moi une bière
très fatigué aujourd'hui
une journée de fous
oublie ta salade ta vinaigrette
viens m'écouter
enlève ton tablier
un baiser
un sourire
mais tu n'es pas Madeleine
(pause)
qui es-tu
la cousine de ma femme
quelle cousine
Nellie
un nom à coucher dehors
ce parfum que tu portes
tu embaumes le lilas
Nellie Nellie tu t'appelles
tu n'es pas la cousine de ma femme
ma femme ne m'a jamais parlé
d'une cousine nommée Nellie
(pause)
tu es la nouvelle voisine
première nouvelle
tu habites le condo en face
quatrième étage
qu'est-ce que tu me dis
une princesse arabe en exil
tu t'appelles Farah tu viens de Bagdad
tous les jours
tu m'observes avec une paire de jumelles
à seize heures tu trembles
à seize heures quinze c'est la panique

à seize heures trente la tourmente
tes jambes hurlent
tes mains étranglent la paire de jumelles
comme si elles pouvaient me faire arriver plus vite
quand j'arrive chez moi
à dix-sept heures pile
un feu d'artifices éclate dans ton ventre
je suis ah je suis
que fais-tu
non non arrête
ça m'indispose
relève-toi
tu insistes
ah
(longue pause)
ah non ah non
ne te sens pas obligée d'aller jusque là
avec tous les chats que j'ai à fouetter dans une journée
les soins de propreté
tu t'imagines facilement
passent au second plan
ça te convient
tu aurais été déçue si si
ah
(longue pause)
personne n'a agi avec moi
si simplement
tu es étonnante
je je
je ne savais pas
que que
j'entends du bruit
lève-toi lève-toi
c'est embarrassant
laisse-moi
ta sinusite ça va
je me suis surpris
à penser à toi toute la journée
ton visage est radieux

ta peau
Madeleine
ça fait des siècles que je ne t'ai pas vue
avec une peau
une peau
de la soie
Farah je te présente ma femme
Madeleine je te présente Farah
une voisine
notre voisine
Madeleine je suis bouleversé
écoute
tu vas l'être aussi
je suis assis là où tu me vois
je pense à aller me chercher une bière
j'entends du bruit
je crois que c'est toi
je lève la tête
qui je vois
(pause)
devine d'où elle vient
de Bagdad
la guerre du Golfe
Sadam Hussein
les puits de pétrole
tu te rappelles
notre voisine
juste en face
dans les nouveaux condos
prépare-toi à un choc
est une princesse en exil
(pause)
tu ne dis rien
(pause)
tu as tout vu quand tu es entrée
on ne se ment plus à notre âge
tu n'as rien à dire
as-tu déjà vu une autre personne
s'attacher à une partie de la mienne

avec autant de conviction amoureuse
que cette princesse juvénile
(pause)
ça te dépasse
non
tu ne cilles pas des yeux
d'habitude tu as ce tic
quand tu es contrariée
j'en conclus que tu trouves convenable
que cette princesse me suce les orteils
comme si c'étaient des sucettes
je n'ai rien demandé moi
où vas-tu
Mado je préfère ton air de boeuf
à ton mutisme
Mado où vas-tu
MADO
c'est ça va bouder
n'assume rien
laisse-moi seul avec le hasard qui me tombe dessus
boude boude
n'oublie pas
ce soir
c'est la première de Hugo
à vingt heures
il faut se présenter une demi-heure avant
ne t'arrange pas pour qu'on soit en retard
Hugo ne nous le pardonnera pas
c'est le plus grand jour de sa vie
il nous l'a répété mille fois
ne va pas tout gâcher
avec tes sautes d'humeur
je suis désolé
ma femme est ravagée
par une sinusite chronique
votre parfum me pique le nez
oriental ai-je raison
pourquoi souriez-vous comme ça
je respecte vos sentiments

qui peut se vanter de ne pas subir la loi du désir
pourquoi souriez-vous comme ça
vous avez l'air d'une petite souris
non ce n'est pas vrai
non non non non non
je suis à *SOURIS SOURIS*
où se cache la caméra
pas une semaine
sans que je me dise
ça y est
je suis à *SOURIS SOURIS*
piégé piégé
pas une souris
un rat
je me sens ridicule
de quoi j'ai l'air
qu'est-ce que tu dis Mado
tu m'as trouvé drôle
félicitations Mademoiselle
votre princesse arabe en exil
dix sur dix
il y a aussi une caméra au plafond
très impressionnant
je dois signer ici
bien sûr je suis d'accord
pour que ça passe sur les ondes
quand
dans une semaine
c'est très rapide
vous voulez faire une émission spéciale sur moi
je suis flatté
un trente minutes consacré entièrement à moi
Mado tu entends une spéciale sur moi
tu le savais
c'est sympathique
on prépare une émission spéciale sur moi
je suis le dernier à l'apprendre
non je ne suis pas fâché
je suis surpris

il faut quand même que je me prépare
vous voulez quoi
des souvenirs des anecdotes des opinions
j'ai une idée
Mado je crois que j'ai une idée
tu m'écoutes
Farah du thé du café un porto
de la bière pour tout le monde
Véronique Lynx
Lynx c'est rare
un i un y
un y
Madeleine tu entends
Farah s'appelle Véronique Lynx
surprenant tu ne trouves pas
vous avez joué l'an passé
dans la série *LES GRANDES DOULEURS*
vous êtes une actrice de grand talent
tout à l'heure
vous vous êtes donnée
avec une passion
qui m'a secoué jusque là
de la bière de la bière pour tout le monde
Mado va chercher Julie
qu'elle s'occupe de nos invités surprise
non reste
il faut d'abord que tu m'écoutes
tout à l'heure j'avais une idée incroyable
je l'ai sur le bout de la langue
qu'est-ce que c'était
aide-moi
mais va chercher Julie
rapporte de la bière
Véronique des chips
vous savez j'ai un fils dans le cinéma
vous jouez dans son film
quelle coïncidence stupéfiante
alors vous serez à la première ce soir
le plus grand jour de mon fils

une demi-heure avant
il faut être là une demi-heure avant
il m'a pris mes idées
son film
je vous le dis
ce sont mes idées
Hugo n'a pas beaucoup d'imagination
comme sa mère d'ailleurs
en trois phrases
je lui avais pondu son scénario
sur le coin de la table où vous êtes
c'est un secret de famille
gardez ça pour vous
l'histoire des abeilles c'est moi
moi moi moi
je n'ai pas de mérite au fond
les idées
toutes sans exception
sont dans l'air
il suffit de les capter
le hic
ce n'est pas tout le monde
qui a la capacité de se transformer en radar
Hugo
que beaucoup de gens très compétents
considèrent être un garçon exceptionnel
un talent prometteur
une force montante
a surtout beaucoup fouillé
dans les poubelles des autres
te voilà enfin
Véronique voici Julie
Véronique joue dans le film de ton frère
Julie part demain au Venezuela
elle a gagné un concours à la radio
il fallait être le septième à appeler
Julie est la chanceuse de la famille
elle gagne n'importe quoi
tu te souviens à six ans

tu es revenue de l'école avec un tricycle
une chance sur 100
15 ans plus tard une chance sur 100 000
tu gagnes encore
une semaine au Venezuela
hôtel avion argent de poche
qu'est-ce que c'était la question
la question du concours
(pause)
la question Julie
(pause)
on dirait que tu as avalé une porte
excusez-nous Véronique
je suis à vous tout de suite
ma puce qu'est-ce que tu as
ça m'émeut de voir des larmes
sur les joues de ma fille
laisse-toi aller
colle colle ton vieux père
plongé dans sa cinquantaine obèse
prends mon mouchoir
souffle fort
ça va mieux
où vas-tu
JULIE
Véronique je suis désolé
je t'ordonne de t'excuser
pourquoi as-tu giflé Mademoiselle Lynx
Mado des chips
tu ne vois pas que tout le monde
exige des chips
rappelez-moi quand mon émission sera diffusée
je te rejoins dans ta chambre
dans une petite minute
tu ne perds rien pour attendre
mais oui des bretzels c'est parfait
qui en veut
du porto

ça va la gifle
c'est digéré
totalement incompréhensible
ce geste de ma Julie
vous partez
c'est vrai
la grande première
vous allez vous préparer
Julie ouvre la porte
ton père te l'ordonne
as-tu fait tes valises
je te donne de l'argent
tiens
tu prendras un taxi pour aller à l'aéroport
ne compte pas sur moi demain
ce soir
c'est la première de ton frère
je vais rentrer tard
bon voyage
téléphone-nous
pour donner des nouvelles
j'espère pour toi
que Mademoiselle Lynx n'a pas de rancune
surtout ne te sens pas obligée
de m'expliquer quoi que ce soit
un père après tout
c'est un pot de fleurs
je te donne encore ça
achète un cadeau pour ta mère
ne te ronge pas les ongles quand je te parle
qu'est-ce que tu fais
Julie Julie ARRÊTE
(longue pause)
rhabille-toi
je ne suis pas fait en bois
(pause)
tu as des seins magnifiques
(pause)
tu me provoques

tu me crois aveugle

(pause)

tu trembles

(pause)

parle-moi

(pause)

un père devine
j'ai besoin que tu me le dises
ça fait déjà trop longtemps
que tu me regardes
avec ces yeux-là
l'orage doit éclater

(pause)

parle à ton père

(pause)

oui oui
parle encore
tu vois c'est facile
tu en avais gros sur le coeur
tu l'aimes ton papa
tu le veux tout à toi
tu le trouves
comment Julie je n'ai pas compris
tu le trouves délectable
tu as dit délectable
tu rougis
la vérité est rouge
quand elle sort d'une belle bouche
embrasse-moi
quand tu vas revenir du Venezuela
je te promets une surprise
tu ne veux plus y aller
raisonne-toi
je suis gros dégoûtant
je ne comprends pas d'ailleurs
que la laideur produise la beauté
va te placer devant le miroir
que vois-tu
ne gaspille pas cette richesse

pars au Venezuela
changer d'air
c'est important à ton âge
je suis l'homme de ta vie
tu ne veux pas me quitter
excuse-moi je reviens
Mado
crois-tu que je devrais porter
mon costume bleu
avec des rayures
pour le trente minutes
qu'on va me consacrer
des chips ça manque de chips
viens près de moi Mado
j'ai un petit secret
je t'aime
tu imagines
vingt-cinq ans qu'on est ensemble
comment me trouves-tu après un quart de siècle
la vérité orang outang
pas de complaisance
(pause)
j'attends
je suis comme le bon vin
mets ta robe blanche
Hugo ne l'aime pas
le pauvre ne possède pas
le dixième du goût de son père
je me sens pousser des ailes
écoute prépare une salade
on mangera plus costaud
après la projection du film
j'ai quelque chose à dire à Hugo
il doit être encore chez lui
donne-moi son numéro de téléphone
tu ne le sais pas par coeur
sur qui je peux compter
TROUVE-LE
apporte-moi un autre porto

non pas de chips pour moi
la salade Mado
prépare une salade tu es sourde
me revoilà
ton père n'est pas comme les autres pères
ton père a des intuitions
une antenne gigantesque
oui j'ai avalé une antenne
tu sais comment je me sens
comme une baleine hors de l'eau
Julie j'ai quelque chose à te dire
je ne t'ai pas donné la vie
dans un moment de relâchement
oh non
je ne me relâche jamais
tu n'es pas une fille
comment dire
tu n'es pas un clignotement futile
sur la surface de cette planète
voilà
tu es un phare
le numéro quel numéro
tu ne vois pas
que j'ai quelque chose à dire à notre fille
ah le numéro de Hugo
au lieu de jouer aux devinettes
donne-le-moi
844-1214 844-1217 847-1714
je ne peux pas JE NE PEUX PAS
Mado écris-moi ce damné numéro
n'importe où
sur le mur
sur ton front
sur ton incompétence
mais ne me demande pas
de le MÉMORISER
combien de fois ai-je expliqué
que je ne perds pas de temps
à mémoriser des numéros de téléphone

COMBIEN DE FOIS

(longue pause)

je suis fatigué

je me sens seul

entouré de nullités habillées

j'abandonne

que le navire coule

l'incompétence envahit le moindre recoin

Julie va chercher une grosse bière

à ton papa sucré

mets le monde dehors

je ne veux plus voir personne

dis à ta mère de me préparer un bain

c'est la première de ton frère

ça mérite un bain

Hugo

quel fils ai-je ajouté au poids de ce monde

il ne sait pas ce qui l'attend

il croit avoir réalisé un chef d'oeuvre

merci ma puce

une bonne bière

peut-on demander plus

les gens sont partis

bon débarras

des parasites

ils ont laissé mon contrat

Julie je te parle

le contrat

il me faut une copie

est-ce qu'ils ont laissé ma copie

un spécial sur moi

trente minutes

tu vas voir

ils vont me proposer une heure

SOURIS SOURIS

quelle émission abêtissante

dégénérescence

honte dépravation déclin

il n'y a pas de mots

pour qualifier cette émission

Mado le contrat
tu l'as vu quelque part
non pas le numéro de Hugo
mon contrat de télévision
laisse faire ta salade
prépare-moi un bain
tu te rends compte
ils sont partis avec ma copie
un coup monté
ne jamais accorder sa confiance
à des gens qui travaillent
avec des caméras et des micros
Julie fouille partout
j'entends un moteur
ils sont en train de tourner
les monstres
ils utilisent des caméras minuscules
toujours prendre sa copie
quand on signe un contrat
toujours lire les moindres petites lignes
fouille dans la salle de bains
je ne veux pas qu'on me filme nu
sans mon autorisation
orang outang
je t'aime
j'aime nos vingt-cinq ans
j'aime ta sinusite
c'est la plus beau jour de ma vie
c'est moi qui le dis
c'est moi qui le décide
TU M'AS ENTENDU
(longue pause)
moi moi seul
(pause)
l'eau est parfaite
(pause)
ce soir
quand il prendra la parole
pour présenter son film

je vais monter sur la scène
pousser mon fils d'une chiquenaude
prendre à deux mains le micro
ils seront bien obligés de m'écouter
Julie
je suis dans mon bain
va-t'en tout de suite
n'attends pas que je me lève
ne fais pas l'innocente
je vois tes pieds derrière la serviette
sors
Véronique
qu'est-ce que vous faites là
j'ai cru que ma fille me jouait un tour
par où êtes-vous entrée
vous n'êtes pas en train de vous préparer
pour la première de Hugo
il faut arriver une heure avant
ou deux
ah non ah non
ça continue
c'est *SOURIS SOURIS*
vous essayez encore de me faire croire
à une histoire sans queue ni tête
qui prétendez-vous être cette fois-ci
taisez-vous je sais
vous voulez me persuader
que le réalisateur de *SOURIS SOURIS*
veut vous mettre à la porte
vous voulez me convaincre
qu'il vous a trouvée exécrable
dans la scène de la princesse arabe
que vous devez tout recommencer
que sucer des orteils
c'est dépassé trop abstrait
vidé de son contenu
à la portée du commun des mortels
qu'il faut que vous soyez plus originale
plus convainquante plus directe

le public ne vit plus à l'âge des cavernes
qui de nos jours
peut avaler une histoire de princesse arabe
habitant dans un condo
QUI
dites au cameraman de cesser de tourner
je ne signerai pas de toute façon
vous avez avalé une porte
la tête que vous avez
vous pleurez ou vous riez
donnez-moi la serviette
puis non
venez me retrouver
déshabillez-vous plongez
je vous fais une place
(pause)
je vous entends penser derrière vos larmes
vous êtes en train de vous dire
ce n'est pas le scénario prévu
il devait se mettre à crier au scandale
je suis une mauvaise actrice
je suis incapable de composer avec l'imprévu
ils vont me mettre à la porte
QUOI
ne parlez pas si vite
recommencez
tout à l'heure
dans la peau de Farah
vous étiez dans la peau la plus confortable de votre vie
vous ne voulez plus en connaître une autre
vous n'avez pas pu faire plus de trois coins de rue
une force nouvelle vous a obligée
à retourner sur vos pas
vous voilà devant moi
offerte frissonnante
émue de me voir émerger de cette eau
vous ne pouvez imaginer
vision plus touchante de ma personne
vous êtes prête à vous battre

à sacrifier votre carrière
vous saisissez l'enjeu de votre amour
les embûches les pièges les misères
(longue pause)
que pensez-vous de moi
la vérité
ne parlez pas de mon physique
soyez subtile
un homme obèse cache d'innombrables trésors
je suis fier de ma graisse
j'aime soupeser la vérité de mes bourrelets
j'en connais la force d'attraction
ce n'est pas tout le monde
qui a des yeux pour voir
un jour viendra
où ma vérité éclatera à la face du monde
ma vérité
avec tout ce qu'elle comporte de gras de laid
mais aussi d'amour d'intelligence de perspicacité
PERSPICACITÉ
c'est le mot
j'ai quelque chose à dire
moi
je ne me gênerai pas pour le crier
qui peut dire ce que j'ai à dire
qui
(pause)
moi
(pause)
ce que vous ressentez pour ma personne
ce que vous appelez avec empressement de l'amour
c'est de la PRÉMONITION
(pause)
vous êtes une actrice
donc une femme sensible
vous avez deviné
que je ne suis pas un homme quelconque
dans votre ventre
ça a bougé

ça a gargouillé
dites la vérité
ça a gargouillé oui ou non
oui
qu'est-ce que je vous disais
le ventre connaît mieux le futur que le coeur
vous ne m'aimez pas
vous brûlez de faire partie
de la grandiose aventure que j'appelle
vous sentez que que
ah venez embrassez-moi
vous savez ce que ma propre fille m'a dit
que je suis délectable
embrassez-moi
pendant que vous le pouvez
je ne serai pas toujours accessible
(pause)
quelqu'un vient
cachez-vous
sous moi
retenez votre air
on pourrait entendre les bulles
JULIE
que fais-tu avec MON revolver
orang outang
viens voir ta fille
ta mère ne sera pas contente
j'ai quelque chose à te dire
je ne t'ai pas mis au monde
dans un moment de relâchement
je ne me relâche jamais
quand tu reviendras du Venezuela
j'aurai une surprise pour toi
regarde-moi
tu veux me tuer
moi ton papa sucré
pourquoi
tu n'es pas banale ma puce
Mado es-tu sourde

viens voir ta fille

j'ai des projets pour toi

attends que ton père ait dit ce qu'il a là-dedans

attends que le monde l'apprenne

qu'est-ce que t'as à me fixer

avec ce plat à salade dans les mains

tu ne vois pas

que ta fille me braque avec MON revolver

(pause)

vous êtes de connivence

allez-y

débarrassez-vous de moi

je ne m'abaisserai pas à avoir peur

Véronique montrez-vous

ça ne vaut plus la peine que vous restiez cachée

ta fille m'a dit des choses répugnantes

répète Julie à ta mère

notre petite conversation de tout à l'heure

vous allez mourir noyée

Véronique sortez de l'eau tout de suite

elle ne bouge plus

c'est votre faute

la serviette

vite

LA SERVIETTE MADO

tu veux que je me montre nu

devant notre fille

va appeler 911

cours et débarrasse-toi de ce plat à salade

tu te rends compte

une heure avant la première de Hugo

quelle journée

aide-moi à la sortir du bain

laisse tomber ce revolver

il n'a jamais été chargé

elle est bleue

tu le constates

complètement bleue

elle est morte pour moi

ma fille
c'est le début
ne me regarde pas avec cet air de chat écrasé
une antenne je te l'ai dit
j'ai avalé une antenne
dans peu de temps
je prévois qu'elle ne sera pas la seule
à mourir pour moi
j'ai envie de t'embrasser
pense à demain
quand tu seras au Venezuela
tu pourras toujours te rappeler ce moment
colle
colle ton papa mouillé

(longue pause)

HUGO
j'étais sur le point de t'appeler
j'ai quelque chose à te dire
je sais je sais
une heure avant
il faut se présenter une heure avant
tu nous l'as assez répété
ne crie pas
tu n'as pas à me demander
ce que je fais avec Véronique
ce serait plutôt à moi
de te demander
ce que tu fais dans ma salle de bains
tu es venu me chercher
belle surprise
tu aurais pu appeler
on devait se rencontrer au cinéma
tu as tellement insisté
pour qu'on arrive chacun de son côté
tu as changé d'idée
tu n'as pas à me le dire
je sais qu'elle a joué dans ton film
ça ne l'a pas empêchée de mourir figure-toi
qu'est-ce qui te prend

observe ton frère Julie
il pleure
un veau
secoue-toi
je suis entouré de pleurnichards
les larmes
du liquide infect
garde-le pour ton discours de tout à l'heure
quand la petite fille de service t'apportera des fleurs
Véronique devait t'accompagner
tu vas avoir l'air de quoi
sans ta star
vas-y avec ta soeur
tu mettras une robe de ta mère
sa robe bleue
vous avez la même taille maintenant
tu veux savoir ce qui se passe ici
ai-je bien entendu
TU VEUX SAVOIR CE QUI SE PASSE ICI
enfin une question intelligente
enfin une question
qui prouve
que tu n'es pas complètement centré sur toi
Hugo
le monde ce soir
ne tournera pas uniquement pour toi
il n'y a pas que ton film qui mérite un public
parlons-en de ton film
j'ai lu tes entrevues dans les journaux
j'ai regardé tes passages à la télé
félicitations
belle campagne de promotion
tu t'exprimes bien
beaucoup de facilité beaucoup de charme
ne proteste pas
on ne parle que de toi
on ne voit que toi
hier un parfait inconnu
aujourd'hui une célébrité

le cinéma une belle machine
ça transforme n'importe quoi
combien déjà
un million non deux
non trois millions
c'est ça trois millions
on t'a donné trois millions pour faire
LES ABEILLES ATTAQUENT
beaucoup d'argent
petit pays gros budget
disproportionné tout ça
ça sent la misère à plein nez
mais tu mérites ce qui t'arrive
tu es brillant
si si
tout le monde le dit
Hugo est un jeune homme brillant
il a des idées
il sait s'en servir
il sait les faire passer
voilà pour moi
où justement
ça ne passe pas
les IDÉES
qui t'a raconté cette histoire d'abeilles mutantes
qui t'a découpé l'article
sur cette colonie d'abeilles venues d'Afrique
échappées d'un laboratoire brésilien
qui t'a expliqué
qu'après quelques générations
leur piqûre
devenait mortelle
qui t'a mis dans la tête
que ces abeilles afro-amazoniennes
remontaient vers le nord
qu'elles attaquaient sans raison
par plaisir même
qui
(pause)

tu m'affliges
crois-tu que j'aurais apprécié
de voir mon nom au générique
peut-être l'as-tu mis d'ailleurs
l'as-tu mis
tu gardes le silence
tu veux que j'en aie la surprise ce soir
très bien Hugo
(pause)
autre chose que je veux te dire
cette histoire d'abeilles mutantes est indigeste
indigeste même pour des enfants
aux prises avec de sérieux problèmes d'apprentissage
MÊME LES AMÉRICAINS vont la trouver indigeste
voilà
je t'ai prévenu
indigeste
OUVRE LES YEUX
qui va gober une histoire d'abeilles mutantes
le pays qui subventionne un film pareil
est un pays désespéré
ton film
c'est de la merde
c'est ce que Julie pense
c'est ce que ta mère pense
c'est ce que nous pensons tous
ne crois pas que je dénigre ton film
je ne l'ai pas encore vu
ni surtout le scénario
tu sais très bien
que c'est beaucoup plus mon scénario que le tien
ce que je déplore
c'est le TRAITEMENT
que tu as infligé à mes idées
dans ce film
ne proteste pas
ne me dis pas que je dois attendre de le voir sur écran
je sais exactement
ce que ce scénario génial

est devenu
après que tu sois passé dessus
avec ton imaginaire de bulldozer
une platitude infinie
tu n'as rien compris à MON film
(pause)
qu'as-tu imaginé pour sauver l'humanité
des abeilles mutantes
(pause)
un   virus
(pause)
pourquoi ne pas imaginer
un virus tueur d'abeilles mutantes
les virus sont à la mode
le public va en raffoler
désolant Hugo
je te regarde
tu es blême
tes muscles sont relâchés
tourne-toi
regarde dans le miroir
l'allure que tu as
tout à fait l'allure
de quelqu'un qui croit aux virus
tu as l'air idiot dans ce smoking
qu'est-ce que tu fais
il n'y a pas de balle dans le revolver
tu le sais très bien
c'est mon revolver
et il n'y a jamais eu de balles dans mon revolver
ce n'est pas un secret
Julie sait très bien qu'il n'y a pas de balles
dans mon revolver
mais cela ne l'a pas empêchée
de se présenter ici même
il n'y a pas deux minutes
avec mon revolver
de me viser froidement
parce qu'elle persiste

malgré ses vingt-deux années
à jouer à la fillette
qui aime procurer à son papa
des émotions fortes
comme la surprise et la peur
pour lui prouver son amour
alors je t'en prie
ne t'abaisse pas toi aussi
à jouer au petit garçon
qui veut se suicider
avec le revolver de son père
pour l'impressionner
j'en ai vu d'autres
BOUM
(pause)
il est mort
(pause)
une heure avant sa première
(pause)
tu comprends ce qui s'est passé
tu m'as visé Julie
avec un revolver chargé
(pause)
va appeler 911
va
ne recommence plus jamais
va maintenant
va
(pause)
les enfants
(pause)
quelle journée
(pause)
que faire
(pause)
me voilà en train de penser
(pause)

que faire
c'est bien là une question
(pause)
tout ça une heure avant la première
ah
tu m'as fait peur
tu as encore ce plat à salade dans les mains
à quoi tu penses
les ambulanciers arrivent
déjà
il vient à peine de mourir
qui
mais Hugo
ouvre les yeux
quel Hugo
ton Hugo
là
sur le plancher
une balle dans la bouche
avec mon propre revolver
Julie ne t'a pas dit
elle vient de sortir appeler 911
c'est toi qui as appelé 911
mais non c'est Julie
ah
tu as appelé 911 pour Véronique
c'est vrai
la pauvre
noyée dans mon bain
quelle journée
viens orang outang
serre-moi dans tes bras
j'en ai besoin
tu te rends compte
une heure avant la première
qu'est-ce qu'on peut faire
le plus grand jour de sa vie
je n'ai même pas la copie de mon contrat
tu sais

le trente minutes sur moi
le spécial télé
tu ne l'as pas trouvé
ça va mal
tu ne vas pas pleurer toi aussi
Hugo Hugo Hugo
mais oui Hugo
ce ne sera pas la première fois
qu'un jeune talent disparaît prématurément
regarde-le
ton fils
il a de la gueule
je te promets une surprise ce soir
mets ta plus belle robe
la noire
ouvre grand tes oreilles
quand je prendrai la parole
avant la projection du film
va
va mettre ta robe noire
je m'occupe des ambulanciers
les voici justement
va je te dis
je m'occupe de tout
il ne faut pas être en retard ce soir
tu le sais
Hugo nous l'a tellement répété
il faut se présenter une heure
même deux heures avant la projection
va
tu as à peine le temps de te préparer
venez
c'est ici
elle est bleue
constatez
entièrement bleue
morte bêtement
un accident
elle s'est évanouie dans l'eau

pourquoi souriez-vous
vous vous méfiez
c'est la pure vérité
ramassez-la
vous êtes des ambulanciers
ou des policiers
des ambulanciers
c'est bien ce que je croyais
elle a joué dans le film de mon fils
c'est la première
ce soir même
dans une heure à peine
LES ABEILLES ATTAQUENT
vous en avez sûrement entendu parler
une promotion gigantesque dans toute la ville
non
ils en ont encore parlé hier aux nouvelles
elle a joué dans le film
justement je prenais mon bain
pour la première du film
quand
pourquoi souriez-vous
j'ai dit quelque chose de drôle
j'essaie de vous raconter ce qui s'est passé
je prenais mon bain pour la première du film
quand
non non non
vous n'êtes pas morte
vous m'avez eu
bravo
je ne peux dire que bravo
laissez-moi reprendre mon souffle
je suis dépassé
(pause)
deux fois dans la même journée
où sont les caméras
derrière le miroir
derrière le porte-savon

c'est une installation prodigieuse
très pro
comment avez-vous fait
pour retenir votre souffle
un tour de force
Mado cesse de pleurer
sortons de cette salle de bains
trop d'émotion
je suis dépassé
deux fois dans la même journée
des chips du porto
il n'y en plus
Julie va acheter de la bière
le contrat
n'oubliez pas cette fois-ci
de me laisser le double
vous je ne vous parle plus
votre jeu est trop envoûtant
mon fils a eu raison de vous engager
avouez tout de même
qu'au début je me suis méfié
des bretzels pour les ambulanciers
le producteur de *SOURIS SOURIS* veut me voir
tu n'es pas partie acheter de la bière
apporte-moi mon peignoir
le producteur de *SOURIS* veut me voir
le voici
vous êtes le producteur
vous avez tout vu sur un moniteur
vous êtes bouleversé
une série
vous voulez faire une série avec moi
orang outang tu entends
une série sur moi
combien de semaines
une douzaine peut-être plus
tu entends
une douzaine peut-être plus
mon peignoir Julie

dépêche-toi
je dois signer mon contrat
vous voulez quoi
des anecdotes des souvenirs des opinions
je signe ici
voilà
(très longue pause)
je les regarde tous avec mépris
ils le méritent
ils n'ont droit qu'à mon mépris
ils sont mesquins
(pause)
je dois aller jusqu'au bout
du nerf du flair de la perspicacité
ne pas abandonner
le but est proche
je suis différent d'eux
j'ai quelque chose à dire
je devine leurs manigances
je les vois venir
avec leur courbettes
leur déclaration d'amour
leur léchage de bottes
je vais leur donner ce qu'ils veulent
je vais même leur en redonner
jusqu'à ce qu'ils en crèvent
(pause)
du calme
se surpasser
être magnanime
immense indépassable
tolérer leur petitesse
ne pas leur en vouloir
les aider
se donner
ils t'aiment
tous te déclarent leur complète admiration
une série sur toi
douze semaines
plus peut-être

c'est le début
LES ABEILLES ATTAQUENT
quel titre sans panache
sans vision sans magie
ce soir je vais prendre la parole
la prendre
ne plus jamais la lâcher
dire tout ce que j'ai à dire
tous sont des enfants
tous
même les vieillards sont des enfants
d'où me vient cette force irrésistible
d'où me vient cette énergie surhumaine
plus de question
aller jusqu'au bout
tu as signé
la copie est dans tes mains
qu'est-ce que je vais leur dire
douze émissions
plus peut-être
beaucoup plus même
tous attendent
tous espèrent
personne ne sera déçu
il faut que Julie comprenne
que je n'ai plus droit à une vie privée
Véronique est une femme supérieure
elle a compris l'essentiel
j'ai faim
il faut que je mange
toujours plus
tous me veulent gros
toujours plus gros
je dois manger plusieurs heures par jour
leur prouver que j'ai des capacités étonnantes
je leur boirai des caisses de bière
en pleine face
ils verront bien que je n'ai pas de fond
tous vont applaudir debout

je les ferai taire
je leur dirai qu'ils sont des animaux en cage
je leur cracherai dessus
je leur lancerai des bouteilles
je leur pisserai dessus
(pause)
du nerf du contrôle
surmonter le mépris
répondre à leur admiration
descendre jusqu'à eux
en public toujours se contrôler
ne pas céder aux émotions
à la limite être banal
pour ne pas les brusquer
douze émissions
EXCUSEZ-MOI
j'étais perdu dans mes pensées
j'ai signé au bon endroit
vérifiez on ne sait jamais
c'est bien spécifié douze
avec les contrats
il faut être plus que prudent
vous me rassurez merci
qu'est-ce que je t'avais dit
tu es ravissante dans la robe noire
moi qui suis encore avec cette serviette autour des reins
Julie laisse tomber le peignoir
apporte-moi mon costume noir
il faut se dépêcher
Hugo n'a pas cessé de nous le répéter
une heure avant
je ne serai jamais prêt
QU'EST-CE QUE VOUS AVEZ TOUS À SOURIRE
(pause)
non non non
il se prépare quelque chose
(pause)
qu'est-ce qu'il y a
(pause)

---

il y a quelque chose
(pause)
pourquoi regardez-vous tous
vers la porte de la salle de bains
(pause)
non
(longue pause)
une chaise
je me sens mal
(pause)
toi aussi mon fils
(pause)
tu faisais semblant
toi aussi
(pause)
bravo
(pause)
bravo
(pause)
Julie
laisse tomber mon costume noir
apporte-moi une bière
(pause)
que dire d'autre
bravo
le soir de ta première
je suis impressionné
veux-tu répéter s'il te plaît
c'est toi qui as eu l'idée
toi qui as tout préparé
bravo
le soir de ta première
(pause)
tu as tout prévu
que dis-tu
tu me connais bien
des chips
(pause)
des chips
(pause)

ça mérite des chips
(pause)
du porto
des bretzels
tu veux m'annoncer quelque chose
vas-y
tu attends que ta soeur soit là
la voilà
tu ne m'as pas entendu
je t'ai demandé une bière
reste
ton frère va nous annoncer quelque chose
nous t'écoutons Hugo
tu vas te marier avec Véronique
(longue pause)
tu le savais Madeleine
tu le savais
toi Julie
toi aussi
bravo
une journée extraordinaire
qu'est-ce que je peux ajouter
(pause)
le soir de ta première
(pause)
j'avoue
je suis dépassé
cette histoire de contrat
douze émissions
ta première ton mariage
ta soeur qui part demain en voyage
quoi donc ma puce
tu ne vas pas au Venezuela
tu n'as jamais gagné de voyage
c'était une idée de ton frère
(pause)
tu savais Madeleine
(pause)

---

une bière j'ai soif
(très longue pause)
qu'est-ce que vous attendez
partez
tu nous l'as répété mille fois
une heure avant
(pause)
partez
(pause)
vous allez être en retard
(pause)
j'irai vous rejoindre
(pause)
avec toutes ces histoires
je n'ai pas pris mon bain
(pause)
PARTEZ JE VOUS DIS
(très longue pause)
quelqu'un pourrait m'expliquer ce qui ne va pas
si tu ne laisses pas ce plat à salade
je t'étrangle devant toute le monde
la première est dans quelques minutes
personne n'a l'air de s'en soucier
pourquoi ramenez-vous les caméras
un autre contrat
il faut me mettre de la poudre
mon visage brille
je vais être en direct
dans quelques minutes
je signe ici
tu entends orang outang
je vais être en direct
dans quelques secondes
je suis nu
mon costume
allez chercher mon costume bleu
avec des rayures
vous préférez comme je suis
tu entends orang outang

le producteur préfère comme je suis
ça ne vous gêne pas cette graisse
ma copie
est-ce qu'on m'a rendu ma copie
vous voulez quoi
des souvenirs des anecdotes des opinions
assis debout
assis c'est mieux
vous préférez debout
qu'est-ce que tu as Hugo
tu m'aimes
pourquoi pleures-tu encore
tu es ému
viens que je te serre dans mes bras
(pause)
tu as le trac c'est normal
un soir comme ce soir
colle
colle ton vieux père
laisse-toi aller un peu
tu as tellement travaillé
tu te maries avec elle
c'est très bien
tu adores ton gros papa
tu voulais me le dire
colle colle
ton film est un chef d'oeuvre
c'est le plus grand jour de ta vie
tu as de la gueule
tu te rends compte
douze émissions sur moi
plus beaucoup plus même
serre-moi fort
tu sens ma puissance
j'ai signé
est-ce que je suis déjà en direct
qu'est-ce que vous voulez
des souvenirs des anecdotes des opinions
mon maquillage

il faut le refaire
sèche tes larmes
je ne t'ai pas donné la vie
dans un moment de relâchement
j'ai avalé une antenne
c'est le début
tu es un phare
des chips des bretzels
quelle soirée quelle soirée
orang outang souris
viens danse imagine
EN DIRECT
(pause)
QUELLE HEURE EST-IL
Hugo
si tu ne pars pas tout de suite
tu vas être en retard
Véronique je vous en prie
partez
emmenez-le
allez allez
vous avez juste le temps
je vous rejoins
je suis en direct
dans quelques instants
allez allez
je vais me débrouiller sans vous
Julie va avec eux
je n'ai besoin de rien
allez toi aussi
un baiser
vite vite
dehors dehors
LAISSEZ-MOI SEUL
(longue pause)
seul enfin
je ne pouvais plus les supporter
ils se comportent tous comme des ignorants
je passe en direct dans quelques secondes

personne ne se rend compte
de la présence d'esprit que cela demande
tous des êtres noyés dans la banalité
des cadavres qui respirent
être en direct
exige une présence d'esprit colossale
le producteur préfère que je sois debout
je me tiendrai debout
comme jamais un homme ne l'a fait

(pause)

je les aime
je les aime tous sans exception

(pause)

non je les déteste
ils me nuisent
les abeilles attaquent
qu'elles attaquent
qu'elles les piquent
qu'on n'en parle plus
qu'ils crèvent

(pause)

de la présence d'esprit
ne pas se laisser distraire
j'ai la copie du contrat
mon visage ne brille pas
ils ont mis de la poudre
ils pensent à tout

(pause)

je ne suis pas ému

(pause)

je ne ressens rien

(pause)

un bon signe

(pause)

sûrement un bon signe

(pause)

je ne pense à rien

(pause)

à rien de particulier
(pause)
ce sont des pros
ils m'ont remis de la poudre
sur le visage
(pause)
j'ai quelque chose à dire
(pause)
j'ai faim
(pause)
j'ai peur
non j'ai chaud
ce sont leurs projecteurs
je suis prêt quand vous voulez
près de la fenêtre
ici
plus loin
juste là
je regarde où
ça n'a pas d'importance
comme ça ça va
(pause)
l'humanité est une épave
je vais leur sourire jusqu'au bout
ils n'auront jamais vu un homme
avec un sourire comme le mien
(pause)
avec mon ventre
(pause)
ne jamais se relâcher
en direct
ne jamais se relâcher
(pause)
qu'est-ce que je vais leur dire
(pause)
ils ne méritent pas que je leur dise quelque chose
(pause)
ils me font des signes
avec leurs mains avec leurs lèvres

ils se prennent pour des gens importants
avec leurs caméras avec leurs projecteurs
je leur crache dessus

(pause)

sourire

(pause)

sourire jusqu'au bout
c'est tout ce qu'il faut
l'humanité ne veut rien d'autre

(pause)

une journée de fous

(pause)

je m'endors

(pause)

en direct

(pause)

moi

(pause)

dans une minute

(très longue pause)

qu'est-ce que je vais leur dire
des souvenirs

(pause)

des anecdotes

(pause)

des opinions

(pause)

dans dix secondes
oui
oui
je suis prêt

(pause)

des souvenirs

(pause)

des anecdotes

(pause)

des opinions

(pause)

qu'est-ce que je vais leur dire
(pause)
dans deux secondes
oui oui
(pause)
souris
(pause)
souris.

Fin

Cornemuse

pour Marilyn

Les personnages :

Ana et Chris, deux adolescents dont la beauté frappe en premier.

Cornemuse accorde une place importante à des parties chorégraphiées. Les acteurs qui joueront Ana et Chris devront également être des danseurs. La mise en scène tiendra compte du fait que le "texte dansé" est aussi important que le "texte parlé".

Une lecture publique de *Cornemuse* a eu lieu en décembre 1996 au Théâtre d'Aujourd'hui de Montréal, dans le cadre de la onzième Semaine de la Dramaturgie québécoise, organisée par le Centre des Auteurs Dramatiques de Montréal (CEAD). Avec Geneviève Martin (*Ana*), Stéphane Gagnon (*Chris*), Valérie Blais (lecture des didascalies) et le cornemuseur Roy McLaren, dans une mise en lecture de l'auteur.

Ana apparaît, lumineuse. Elle danse dans un petit espace carré. Une danse narcissique de bras, de flexions, de coups de tête. Une danse qui donne à voir la splendeur d'Ana. Qui en fait une machine à beauté, à jeunesse. Chris apparaît à son tour. La lumière le zèbre. Il s'approche d'Ana. Ils dansent ensemble. Puis, à son tour, Chris danse pour lui-même, absorbé par sa propre incandescence. Ana et Chris : deux carrés, deux moteurs qui tournent à vide, côte à côte. Le téléphone sonne. Ana répond. Elle écoute pendant 1 minute 30, hochant de la tête en disant des hum hum. Chris l'observe en cessant peu à peu sa danse. Ana raccroche.

Ana : Alors ?

Chris : Alors ? Pendant que tu étais au téléphone, 1 000 choses se sont produites. Il me faudrait du calme pour les décrire. Te dire que, pendant que tu écoutais, ton corps se balançait. Comme ça. Quelquefois, tu te déhanchais. D'autre fois, tu envoyais tes cheveux vers l'arrière. Comme ça. Un peu de salive brillait au coin de tes lèvres. Tu faisais toutes les 15 secondes hum hum. 1 000 choses se produisaient mais la plupart se produisaient quand tu prononçais hum hum. Tu n'as pas remarqué que les rideaux de la chambre flottaient, énervés par quelque chose ?

Ana : Non. J'écoutais.

Chris : J'ai envie de te mordre.

Ana : Quoi ?

Chris : Les seins.

Ana : Autre chose ?

Chris : Oui.

Ana : Quoi ? Dis-le.

Chris : Tout. Presque tout. Les jambes, le ventre.

Ana : Pourquoi ?

Chris : Comme ça.

Ana : Moi aussi.

Chris : Moi aussi quoi ?

Ana : Moi aussi j'ai envie. Comme ça. Commence.

Chris : Je veux être précis.

Ana : Pourquoi ?

Chris : Parce que.

Ana : Tu veux que je m'asseois ?

Chris : Oui.

Ana : Vas-y.

Chris : Je vais te mordre le sein droit.

Ana : Okay.

(Chris s'approche d'Ana. Le téléphone sonne. Ana, impatiente, répond. Elle écoute pendant 5 secondes)

Ana : I understand you, Bobby. I call you later. *(Ana raccroche.)* Je retourne m'asseoir ?

Chris : Oui. Retourne t'asseoir.

(Chris mord le sein droit d'Ana. Elle crie, le repousse)

Chris : Tu es déçue ?

Ana : Etonnée.

Chris : Je veux te prendre dans mes bras.

(Chris la prend dans ses bras)

Ana : On est bien.

Chris : Hum hum.

Ana : A mon tour.

Chris : A mon tour quoi ?

Ana : Je veux te mordre.

Chris : Fais-le.

(Ana mord une jambe de Chris)

Chris : Encore.

(Ana lui mord la cuisse à travers ses jeans)

Chris : Encore.

(Ana lui mord la cuisse plus haut. Chris se dégage en retenant ses cris, blessé)

Chris : 1 000 choses se produisent sans arrêt. Parmi les choses qui se produisent, quelques-unes nous apparaissent plus importantes.

Ana : Lesquelles ?

Chris : Tu le sais.

Ana : Les choses les plus importantes. Oui. Je les connais. D'abord l'amour.

Chris : Surtout quand on le saisit au moment où il commence.

Ana : Vrai.

(Le téléphone sonne. Chris enlève ses jeans. Il se retrouve en boxer et T-shirt. Ana l'observe. Il va répondre au téléphone)

Chris : Allô ? One moment please.

(Chris passe le téléphone à Ana)

Ana : Bobby ?

(Ana écoute Bobby au téléphone en disant hum hum. Chris s'éloigne avec ses jeans. Il examine sa cuisse en relevant ses boxers. Il fouille dans les poches de ses jeans, trouve un kleenex et éponge un peu de sang sur sa cuisse. Il remet le kleenex sali dans les poches de ses jeans. Ana, à présent, parle à Bobby. Chris l'observe en dansant)

Ana : Very big problem... poor you... no... I don't know what to say... yes it's easy to say fuck and forget every thing... I don't like her... I say I hate Déborah... a bitch... okay a clown... all she wants, it's to hurt you, manipulate you, she needs a slave... I know Bobby, don't explain that to me... hum hum... Have a shower, it was really sticky today. Okay Bobby.

(Ana raccroche)

Ana : 1 000 choses se produisent sans arrêt mais il y en a 1 ou 2 qui comptent.

Chris : Je t'ai encore observée pendant que tu parlais au téléphone. Ton visage était sérieux. Ton regard, dur. Il y avait des rides sur ton front. Comme ça.

Ana : J'aime tes jambes. Danse encore. Le plus lentement possible. Comme si tu ne bougeais pas.

(Chris le fait)

Chris : Nous sommes amoureux.

Ana : C'est le début. Continuons.

Chris : Demeurons précis.

Ana : Beaucoup de choses à faire.

Chris : L'amour demande beaucoup de choses à faire.

Ana : Je suis émue.

Chris : Tu as chaud.

Ana : Et toi ?

Chris : Comme toi.

(Le téléphone sonne)

Ana et Chris : Bobby.

(Anna et Chris s'embrassent pendant 30 secondes. Puis Chris mord les lèvres d'Ana. Elle gémit, tombe sur le plancher. Chris répond au téléphone)

Chris : Elle ne peut pas répondre... non... she is not able to talk... hum hum... okay... hum hum... salut. *(Chris raccroche)* Je n'ai rien compris.

Ana : Tu t'es rasé ce matin ?

Chris : Oui.

Ana : Un garçon qui se rase c'est... Approche. *(Ana touche le visage de Chris)* Demain, je te raserai. Je te mettrai du savon et je te raserai.

Chris : Et tu me couperas.

Ana : Non. Je te raserai les sourcils. Les jambes. La poitrine. Ta peau sera rose, fraîche, glissante.

Chris : Quand je t'ai vue la première fois, je me suis dit que tu n'existais pas.

Ana : Ça veut dire ?

Chris : Que je te rêvais.

Ana : Une fille de rêve. Il y a des filles qui se transpercent les lèvres, les narines, les seins. Tu veux ?

(Le téléphone sonne. Ana, excitée, répond en parlant le plus vite possible)

Ana : I'm in love, Bobby, I'm in love ! It's so exciting ! I'm on the edge of... it's wonderful. It' so... I don't know how to explain. It's big, it's like to fly, to burn, to eat, to smoke, to find a wallet full of money on the street, to... *(à Chris)* Il a raccroché.

(Ana et Chris dansent. Des mouvements sauvages. Ils se jettent l'un sur l'autre. Ils veulent se fusionner, se démembrer. 3 minutes d'explosion. Le téléphone sonne. Chris enlève son T-shirt, essuie la sueur de son corps avec. Ana, à bout de souffle, répond au téléphone, essaie d'interrompre Bobby)

Ana : Bobby, please, stop talking. STOP ! Stop Bobby ! Let me tell you one thing : A MAN IS A GORGEOUS THING. You understand me ? *(A Chris)* Donne-moi ton T-shirt.

(Ana prend le T-shirt et l'approche du récepteur) Can you smell that ? Can you ? A rose is a rose is a rose. A man is a man is a man. Take a shower! *(Ana raccroche)*

Chris : Bonne idée.

Ana : Quoi ?

Chris : Prendre une douche.

(Chris disparaît. Ana, pendant 10 secondes, ne sait que faire)

Chris *(off)* **:** Je prends ton shampoing.

Ana : Pas de problème.

(Ana continue pendant 10 secondes à ne pas savoir que faire. Puis, elle appelle Bobby au téléphone. Elle attend 20 secondes qu'il réponde. Elle va raccrocher quand il répond)

Ana *(chuchotant)* **:** It's Ana... you were taking a shower ?... hum hum... Déborah ? No, I haven't seen her for a long time... hum hum... True ! I'm in love ! No, you don't know him... Now ? He's taking a shower... Why ? Please, Bobby, don't be silly... Are you serious ? Which kind of cancer ?... Skin ? Do you have spots ? *(Ana écoute pendant 15 secondes)* Déborah has no brain, no heart, no time. She won't help you... hum hum...

(Chris revient en short. Il sent le parfum. Il s'ébroue comme un chien mouillé. Ana l'observe, n'écoute plus Bobby. Chris repart. Ana écoute de nouveau Bobby)

Ana : Are you eating well ? Hum hum... Eat nuts !... Okay, bye Bobby!

(Ana raccroche. Chris revient en jeans. Il a un peigne dans la main, le remet à Ana. Elle le peigne en faisant une raie au milieu de ses cheveux)

Chris : 1 000 choses se produisent maintenant. On voudrait, pour certaines, avoir la certitude qu'elles se reproduisent.

(Ana peigne d'une autre manière Chris, défait ce qu'elle vient de faire, essaie autre chose)

Ana : Tu es une bouteille de vodka, un cerf-volant, un réverbère. Avec les mots, on peut être n'importe quoi. Si tu n'avais plus de cheveux, tu serais qui ? Couche-toi. *(Ana examine la poitrine de Chris)* Tourne-toi. *(Ana examine le dos de Chris)* Je vais te mordre là où tes cheveux cessent de pousser.

Chris : Ne le dis pas. Fais-le. *(Ana le fait. Chris se retourne, examine les yeux d'Ana)* Je vois quelque chose. Une chose mouillée. Rose. Ça bouge comme un bateau.

Ana : J'ai envie de dire des choses étranges, moi aussi.

Chris : Vas-y.

Ana : Je veux te faire pleurer longtemps parce que c'est inutile et te faire mal encore et encore et avoir ta douleur toute entière dans ma bouche et l'avaler une nuit complète et plus encore s'il le faut et la garder en moi comme un bijou coupant qui me fait souffrir à chaque fois que je respire et ne dire à personne que je transporte mon amour et regretter une semaine et plus encore le jour où je t'ai fait mal. Tu es beau comme un couteau et je sens l'odeur de tes cheveux mouillés et je veux les arracher. Je veux ta langue pour rêver avec elle et l'enfouir en moi comme un enfant dans sa mère et j'ai peur parce que c'est inutile. Le temps est inutile quand un garçon accapare la beauté et que je suis la bouche qui lui manque.

(Ana part et revient avec un yogourt. Elle le fait manger à Chris)

Chris : Partons en voyage. Traversons des ponts. Louons des autos. Commettons des crimes sur les routes. Fuyons. Incendions des maisons. Fuyons. Disparaissons dans des champs d'épis. Portons des bottes de cuir. Dormons sur le gazon des parcs. Hantons les gares. Mangeons des fruits volés aux étalages. Assassinons des passants. Fuyons.

Ana : Je te remplirai de viande, de légumes, de baklavas, de salade verte et de salade rouge, de foin, de grains différents, de noix luxueuses. Je te gaverai et guetterai l'extase dans tes chairs. Après je te raserai et tu seras le plus beau des garçons de la terre et je t'enlacerai et toi, tu ne bougeras plus. Tu seras rond, plein et tu seras l'amour en personne. Et des jours et des jours durant je te mordrai et toi, tu ne bougeras pas. Tu seras en équilibre sur la nuit et aucun soleil ne pourra te faire tomber de mes bras. Je pourrai comme ça passer tout le temps, tout le temps que la vie me réserve et je ne serai pas loin d'être éternelle.

(Le téléphone sonne. Ana répond)

Ana : Bobby, don't call anymore... No ! Don't come over, I won't be here... I'm not lying to you, my boyfriend and I are leaving the city... *(Chris fait des push up, des "pompes")* Hum hum... so sorry... hum hum... I know, Bobby, don't repeat it... well, Déborah is a bitch as I said but maybe she is the only one who can help you... You are not the first person in that fucking world to get cancer !

(Ana raccroche. Elle répand une ligne de cocaïne sur le plancher, près du visage de Chris. Celui-ci la sniffe en faisant ses push up. Ana sniffe à l'autre bout. Ils se lèvent, vacillent, dansent en silence. L'obscurité, doucement, les avale dans une spirale. Ana chante «A man is a man is a man... » 15 secondes de suspension. Le téléphone sonne. Ana répond)

Ana : What ? Speak up ! Speak up ! I don't hear you !... On what planet are you living on ? *(Ana écoute pendant 15 secondes et raccroche. A Chris)* Bobby dit qu'il a tué son chien et qu'il va le bouffer ce soir. Bobby raconte toujours des histoires. Tu l'as sûrement vu. Il quête sur la rue en jouant de la cornemuse. Il dit que sa cornemuse lui a donné le cancer. Pas normal. Il a 24 ans. C'est un vieux.

Chris : Prends une douche.

Ana : Okay.

(Ana se déshabille. Une douche apparaît. Ana prend une douche. Du savon apparaît. Le téléphone sonne. Chris répond. Il écoute pendant 15 secondes en disant des hum

hum et en se pinçant les pectoraux. Il raccroche. Ana termine sa douche, se rhabille)

Chris : Bobby.

Ana : Je sais.

Chris : Il dit qu'il va rappeler.

Ana : Quoi d'autre ?

Chris : C'est tout ce que j'ai compris.

(Chris tire Ana sur le plancher. Il l'examine, ouvre sa bouche, ses cuisses)

Ana : Alors ?

Chris : J'ai faim.

(Ana lève les bras. Une énorme botte de luzerne tombe du plafond. Ana met la luzerne dans la bouche de Chris. Elle lui en donne jusqu'à l'étouffement)

Ana : C'est la nuit qui surgit. C'est à la nuit, rien qu'à elle, que j'obéis. *(Chris se met à quatre pattes)* Je vais te décrire. Et en te décrivant, je ressentirai la plus forte des morsures ; toi, tu recevras le soleil en pleine gueule. *(Chris se cabre)* Voilà. Je commence. 1 000 choses sans arrêt se produisent. Les plus merveilleuses se produisent dans ta bouche. Je te vois rouge comme un canif. Je te déclare le garçon le plus provocant de la nuit. La nuit te veut cheval. Moi je te veux avec les quatre estomacs de la vache. Bientôt tu seras si tendre que je n'aurai plus rien à faire. Un chevreuil respire dans ta poitrine. *(Ana est au bord de l'évanouissement)* Des lièvres détalent entre tes omoplates. Un loup dort, les yeux ouverts, entre tes côtes. Tes cuisses sont deux fauves en cage que mes paumes libèrent. Ton visage n'a plus rien à voir avec les mots. Le ciel arrache ton visage et le digère lentement. *(Ana s'évanouit. Elle revient à elle)* Je me suis évanouie. C'était bien. Je voudrais toujours m'évanouir. Le chien de Bobby, c'est un dalmatien. Il est haut comme une vache. Il te ressemble.

(Le téléphone sonne. Ana répond)

Ana : I told you that my boyfriend and I are busy. We felt in love. We don't have any time to loose. First time in my life that I'm busy. My boyfriend is a knife. I met him few hours ago. I even don't know his name. I have still so much to learn. Je ne sais pas par quel bout commencer. Je me suis évanouie. Je l'ai rempli de yogourt. *(A Chris)* Il pleure. *(A Bobby)* Are you crying because of your dog ? Answer me ! You can't speak ? Bobby, don't cry like a baby. Everything will be fine.

(Ana écoute Bobby pendant 2 minutes. Elle fait hum hum toutes les 3 ou 5 secondes. Chris joue avec une guitare électrique réelle ou imaginaire. Il ponctue avec des déhanchements les hum hum d'Ana)

Ana : Okay Bobby, I believe you, you are eating your dog. Okay, okay, why not ? 1 000 things happen every second. Why don't you have the pet of your life for supper ? I have to leave you, now. I miss my boyfriend.

(Ana raccroche. Elle commence à parler avec une voix qui deviendra de plus en plus enrhumée)

Ana : Je vis le plus beau jour de ma vie. Toi ?

Chris : Comme toi.

Ana : Tu ne ressembles à personne. J'adore tes jeans. Enlève-les.

(Chris enlève ses jeans. Il se retrouve en boxer. Ana met les jeans de Chris. Elle se dandine)

Ana : Je te sens de l'intérieur. Comme si je t'avais enfilé. Tiens-toi droit. Plus droit. Encore plus droit. Tu n'es pas un garçon, tu es un canif. *(Ana se lance sur lui, l'enlace avec ses jambes et ses bras comme si elle voulait se trancher en deux)* J'ai peur que tu sois comme moi. J'ai peur. *(Ana éternue)* Je ne veux plus que tu parles. Imagine que je t'ai arraché la langue. D'accord ? Tu ne parles plus. Même si je te le demande. *(Chris la jette par terre)* Pourquoi tu as fait ça ? *(Chris la reprend, la repousse de* *nouveau avec force)* Tu m'as fait mal. *(Chris la reprend, la rejette)* Tu vas me tuer.

(Le téléphone sonne. Chris danse. Une danse d'hypnose, de puissance, de mystère. Une danse extrême, dure, douce et dure. La musique enterre la sonnerie du téléphone. Chris danse jusqu'à l'épuisement, un minimum de 4 minutes. La musique s'estompe, la sonnerie du téléphone réapparaît. Ana répond)

Ana : I'm having the night of my life ! *(Ana éternue)* Je porte les jeans de mon boyfriend... Jeans ! Jesus Christ ! Jeans ! I'm wearing my lover's jeans. It's a great experience. I'm about to loose control. Love is speed. C'est la nuit qui surgit. Elle court comme un jogger. Je cours avec... No ! I run with the night ! Don't be narrow'minded. I just tell you the things as I feel them. *(Ana éternue, sa voix se brise)* Jusqu'où va-t-on quand on court avec la nuit ? You understand what I said ? Jusqu'où, hein ? *(A Chris)* Va me chercher un kleenex.

(Chris lui fait signe de fouiller dans les poches des jeans qu'elle porte. Ana trouve un kleenex taché de sang avec lequel elle se mouche)

Ana : My lover is a wonderful dancer. He's a planet, a red comet, a bulldozer, he's everything ! He's a cobra ! I'm suffocating ! *(Ana éternue 2 fois)* Love is a big affair... don't try to fool me with funny words. The jeans of my lover are burning my legs. *(Ana éternue violemment)* I'm not sick... I don't know, maybe an allergia... Are you there ? Bobby ? Bobby ? What happen to you ? You collapsed on the floor ?... Are you serious ? You're so weak ! Eat something. Not your dog, Bobby ! Take vitamines !... Did you call Déborah ?... And ?... She will move to New York. I don't give a damn ! Okay, Bobby, I leave you, my boyfriend is waiting for me. *(Ana raccroche. Elle montre le kleenex taché à Chris)* D'où ça vient ? Tu t'es blessé ?

(Chris fait signe à Anna de s'approcher. Il tire sur l'élastique de son boxer et l'invite à regarder à l'intérieur.

*Ana plonge la main dans le boxer. Elle la ressort avec du
sang sur le bout des doigts. Elle le goûte)*

Ana : Un pré où les chevaux mangent. Ça goûte rouille,
ça goûte sel, ça goûte acier. Un arbuste qui griffe les dents.
Ça goûte vert. Ton sang, amour, est précis.

*(Ana renifle, se frotte les yeux comme si elle revenait de
loin. Elle plonge la main dans un sac, la ressort blanchie
par la cocaïne. Elle la plonge dans le boxer de Chris qui
se tord. Ana fait apparaître un bol de lait et une jupe. Elle
la fait endosser à Chris)*

Ana : Marche. *(Chris marche)* Ça va mieux ? *(Chris
n'exprime rien)* Tu es dieu sur jambes. Viens, je vais te lire
dans la main. *(Ana le fait)* La ligne du loup. Ça veut dire
que tu appartiens à la nuit. Ça, c'est l'étoile qui t'empêche
de tomber dans les puisards. Tu n'es pas né du ventre
d'une femme. Une montagne t'a enfanté après s'être
donnée à un ouragan. Tu n'as pas de mémoire. Bois.
(Chris lape le lait) Ça suffit. Bobby dit que son chien a été
la seule personne qu'il a aimée. Marche encore. Beau avec
des jambes. Beau. *(Chris marche avec difficulté)* Je
m'appelle Ana. Quand j'étais enfant, je pensais que les
gens beaux puaient. Parce qu'ils avaient caché toute leur
laideur dans leur bouche.

*(Ana éternue, renifle, embrasse les lèvres de Chris,
descend lentement sur sa poitrine, tète son mamelon
pendant 10 secondes. Chris la rejette sur le plancher. Il
plonge une main dans son boxer. Il la ressort, rosie. Un
peu de sang coule sur sa cuisse. Chris s'étend. Ana et lui
regardent, pendant 1 minute, une petite flaque de sang se
former sur le plancher)*

Ana : Ça va s'arrêter ? *(Chris fait signe que non. Ana va
au téléphone, compose un numéro, parle)* 1 000 things
happen tonight. When I was a young child, I was afraid of
planes in the sky. I thought they might fall on me bringing
with them the sky. Just if the sky was a huge piece of blue
coton. My boyfriend is shining like a plane crashed on the
ground. You should cross the street, come over and admire

him. Do you think a night like that can be over ? *(Ana éternue)* Bobby, Bobby, are you there, do you listen to me ? Bobby ? Bobby ?... Déborah ! Qu'est-ce que tu fais là ? *(Ana écoute pendant 1 minute en faisant des hum hum de plus en plus rapprochés)* Je te rappelle, salut.

Ana : Bobby est mort. *(Ana éternue)* Déborah vient de me l'annoncer. Tu m'écoutes ? Déborah part à New York ce soir. C'est une fille bizarre. Elle fait des bijoux. C'est elle qui a fait ce bracelet. *(Ana s'approche de Chris)* Elle est passée chez Bobby prendre ses affaires, elle l'a trouvé mort au téléphone. Comment tu t'appelles ? *(Chris dessine, avec du sang, son nom sur le plancher. Ana, avec son pied, l'efface sans l'avoir regardé)* Je ne veux plus le savoir. Tu ne t'appelles pas. *(Ana lui donne un coup de pied)* Ne parle plus jamais. Chaque seconde de plus, tu deviens de plus en plus précis. Maintenant, ça ne s'arrêtera jamais. Tu seras si précis qu'il n'y aura plus rien à dire, plus rien à faire. Lève-toi. *(Chris se lève)* Tu as taché ma jupe. Ça ne fait rien. *(Ana enlève son bracelet, le met à Chris)* Je te donne tout ce que j'ai. 1 000 choses se produisent. La plus belle, c'est toi. Continue. *(Ana va appeler Déborah au téléphone)* Déborah ? Mon amant perd son sang sur le plancher. Il dit que ça ne s'arrêtera pas. Il est debout. Il coule. C'est une bouteille cassée. Je l'ai mordu à la cuisse. J'ai fait un trou. Avec lui je peux aller jusqu'au bout. Qu'est-ce que tu es en train de faire ? *(Ana écoute pendant 1 minute en faisant des hum hum toutes les 5 secondes)* Bobby a toujours eu des problèmes. C'est mieux comme ça. Tu te souviens quand on l'a vu sur la rue la première fois ? On a ri comme des folles. Ne le touche pas. Laisse-le où il est. On ne peut rien faire. Tu as appelé quelqu'un d'autre ? *(Ana fait hum hum)* Il m'a dit que sa cornemuse lui a donné le cancer. Viens me retrouver. Traverse la rue. Je t'attends. *(Ana écoute pendant 10 secondes)* Je te le jure. Il est debout. Il coule. A tout à l'heure. *(Ana raccroche)* Bobby a menti. Il n'a pas fait cuire son chien. Déborah l'a trouvé enfermé dans la salle de bains. Bobby avait les lèvres bleues. Déborah dit qu'il a dû manger quelque chose de pourri. Bobby m'a dit qu'il était malade. Il a dit qu'il avait des "spots" sur la peau. La première fois que je l'ai vu, j'ai eu envie de lui tout de suite. Un garçon blond éblouissant. Il jouait de la cornemuse sur la rue. Tu l'as sûrement vu. Tout près d'ici. Viens près de moi. Viens. *(Chris ne bouge pas)* J'ai peur. Bobby est maintenant un fantôme. Il va me crier dans les oreilles. Quand ma petite soeur s'est noyée dans la piscine chez nous, son fantôme chantait des chansons stupides dans mes oreilles. Viens, je vais te mordre les oreilles. Je vais les arracher avec mes dents. Je ne t'aime plus. C'est ça la vérité. Ça n'a pas marché. *(Ana éternue. Elle se prépare très rapidement une ligne de cocaïne qu'elle sniffe, excédée)* Des chansons vraiment stupides. Toi, tu as fait des exercices. Ça se voit. Tu as un corps : un cheval. Un sauvage avec des pattes fines et fortes. *(Ana s'approche de Chris par derrière, lui donne un coup de pied dans les jambes. Chris tombe)* Qu'est-ce qui se produit maintenant ? Toi, tu le sais. Moi non. Déborah s'en vient. On va s'occuper de toi. On va te raser, te laver, on va te prier. Tu es dieu qui surgit. On va te piétiner. On va rire. Déborah rit facilement. C'est une fille facile. Elle n'a rien à perdre. Tu comprends ? Danse, je veux que tu danses. Tu ne te vois pas ? Tu dépéris. Danse.

(Ana fait un geste. On entend de la musique. Chris danse. Une danse abstraite, mathématique, qui ne veut rien dire pendant 45 secondes. Ana fait un geste. La musique cesse. Ana et Chris s'immobilisent pendant 10 secondes. Une photographie. Le plancher gronde. Ana devient nerveuse, a des tics. Chris va vers Ana et essaie de la calmer. Ana, doucement, refuse l'aide de Chris. Le plancher ne gronde plus)

Ana : Ceux qui comprennent quelque chose sont des menteurs. Ecarte les jambes. *(Chris obéit)* La seule chose qui me fait du bien, c'est quand tu m'obéis. Toi ? Ne bouge pas. Ne réponds pas. Ne pense pas. Toi ? *(Il ne se passe rien)* Toi ? *(Il ne se passe rien)* Ton ventre se vide. Tu n'as pas peur ? Moi, j'ai peur. Quand je t'ai vu ce soir pour la première fois, j'ai serré les poings. Très fort. Mes ongles m'ont blessée. Ta beauté est insupportable. Tu le sais ? Je voudrais encore te faire manger. À quoi bon maintenant ? *(Pause)* Est-ce qu'il s'est passé quelque chose ? *(Silence de 10 secondes. Ana va au téléphone, appelle Déborah)* C'est Ana. Laisse-moi parler. J'ai vieilli. Je suis pleine de rides. Mes cheveux ont blanchi. Ça s'est passé très vite. Je comprends des milliers de choses nouvelles. C'est affreux. Je continue de vieillir pendant que je te parle. Ça va vite. Ma peau se plisse. J'ai de la difficulté à marcher. J'ai envie de m'évanouir. J'entends des bourdonnements. Ma vue diminue. Qu'est-ce qui m'arrive ? Tu me crois ? Idiote! C'est une farce. Tu ne me connais pas bien. Je raconte n'importe quoi. J'aime ça. Je suis pire que Bobby. Qu'est-ce que tu vas faire avec son chien ? *(Ana écoute pendant 5 secondes)* C'est une idée. Fais comme tu veux. Mon amant est hémophile. Il ne me l'a pas dit. Je l'ai deviné. Il ne veut rien savoir. Je lui ai demandé de ne plus jamais parler. Déborah, traverse la rue, j'ai peur. Tu n'as pas peur, toi, avec Bobby ? Est-ce qu'il a les yeux fermés ? *(Ana fait hum hum)* Je voudrais avoir 3 ans. Raconte-moi une histoire drôle. J'ai pris de la coke. Tu en veux ? Traverse, viens tout de suite. Viens me chercher. On va aller à New York ensemble. Pourquoi tu ris ? *(Ana écoute pendant 5 secondes. Elle rit aussi, raccroche)* Devine. Déborah vient de me dire qu'elle a trouvé la cornemuse de Bobby en train de cuire dans le four. Il a fait cuire sa cornemuse avec des oignons et des champignons. Est-ce que c'est triste ? Est-ce que c'est drôle ? Ça nous regarde pas, hein ? *(Ana gifle Chris)* Hein ? Tu peux faire tout ce que tu veux avec moi. Je n'en peux plus.

(Chris fait un signe. Une botte de luzerne tombe du plafond. Chris remplit la bouche d'Ana avec la luzerne. Elle étouffe. Il la force à manger. Elle se dégage. Il la rattrape, la fait manger encore. Elle s'enfuit. Chris est seul. Il fait apparaître un miroir. Il s'examine. Ana revient avec un manteau. Elle appelle Déborah au téléphone)

Ana : Qu'est-ce que tu fais ? Pourquoi tu ne viens pas ? Il va faire clair. Fouille dans les tiroirs de Bobby. Il y a peut-être de l'argent.

(Ana fait apparaître une pierre. Elle la lance dans le miroir qui ne casse pas. Elle prend la tête de Chris et la frappe contre le miroir toujours intact. Chris embrasse Ana. Ils essaient de faire l'amour. Ne peuvent pas. Ana revient au téléphone. Chris demeure couché)

Ana : Excuse-moi. Je me suis évanouie. As-tu fouillé dans ses tiroirs ? Combien ? J'ai peur. Je ne veux plus vivre ici. Partons tout de suite. Je traverse. Attends-moi.

(Ana lance le téléphone. Elle fait apparaître une valise. Elle endosse le manteau qu'elle a apporté. Elle part avec la valise. Revient)

Ana : Je vais à New York avec Déborah. Nous allons faire des bijoux. *(Ana éternue)* Avec du cuir, avec des morceaux de métal, avec des morceaux de verre. Avec.

(Ana disparaît avec sa valise. Un silence. Qui n'appartient pas aux secondes. Une cornemuse à moitié carbonisée tombe du plafond. Chris se lève, la prend et joue. Pendant qu'il joue, il devient blanc, blanc, blanc)

Noir

Illustration de couverture : Michel Piérart

Sélection de pièces publiées aux
Editions Lansman

Abîmes (Christian Palustran) - Après ce qui s'est passé, elle n'ira plus jamais dans la montagne. Elle qui n'arrivait pas à avoir d'enfant, qui a fini par mettre au monde un garçon... mais qui l'a senti peu à peu se détacher, inexorablement. (156)

Amateur (l') (Gerardjan Rijnders / traduit du néerlandais) - Rentré chez lui, un critique éructe vertement son désespoir de constater que le théâtre d'aujourd'hui n'a plus aucun lien avec la réalité. (148)

Annonce faite à Benoît (l') (Jean Louvet) - Dans ce grand magasin banal à pleurer, ces deux hommes se sont rencontrés... L'un, déboussolé par une accumulation de malheurs ; l'autre bouleversé par cet univers qui s'impose à lui... (168)

Appelez-moi chef ! (Alphonse Boudard) - Toute l'Histoire de France, de 1938 à 1983 se joue dans cette cellule où défilent petites frappes et grands criminels, résistants notoires et collabos, hommes sans conscience et idéalistes de tous poils... (105)

Armor (Elsa Solal) - Merlin-le-fou, Merlin-le-sage, personnage énigmatique et démesuré, chantre de la vie, de l'amour et de la mort. Les époques s'entrechoquent et la vie triche avec la mort... (140)

Arrêt fixe (M'Hamed Benguettaf) - Condamné à perpétuité, un prisonnier n'a plus d'autre horizon qu'un bout de fenêtre et la visite régulière de son gardien... (163)

Atroce fin d'un séducteur (Anca Visdei) - Dom Juan attend le Commandeur, mais c'est sa fille cadette qui surgit. Le séducteur est pris à ses propres pièges. Drôle et intelligent. (82)

Au bout du désert (Xavier Percy) - Un vieux baroudeur alcoolique se retrouve coincé dans le désert avec un fils dont il s'était progressivement éloigné. (115)

C'était Dieu qui pleurait (Nathalie Saugeon) - Ils devraient être à la rue. Pourtant Edouard cuisine, André pêche, Justin râle... et la maîtresse de maison, une comédienne hier encore adulée, régente son petit monde, même si elle cache un secret... (95)

Comme des flèches (Koulsy Lamko) - A l'enterrement de Bouba, un goût d'inachevé a promené son amertume... car le jeune homme est mort du Sida, pratiquement abandonné de tous. Seule, Amina, sa dernière compagne, revit les temps forts de leur liaison. (174)

Conseil de discipline (le) (Slimane Benaïssa) - Algérie 59. Un incident entre deux élèves d'un collège amène le proviseur à réunir six professeurs pour un étrange pique-nique... (80)

Danseurs de la pluie (les) (Karin Mainwaring / traduit de l'australien) - Dans un ranch isolé et délabré, à mille lieues de tout, (sur)vivent trois femmes. Dan - le mari, le père, le fils - revient après vingt-cinq ans et veut retrouver la place qui lui revient. (120)

Démocratie mosaïque 1 (Onze auteurs francophones) - Résultat d'un concours d'écriture, cet ouvrage regroupe douze pièces courtes, originales et inédites, à lire et surtout à jouer. (133)

Des Oh et des Ah (Markus Kägi / traduit de l'allemand) - Deux vieux se retrouvent à la piscine. Ils observent, commentent, s'affrontent, refont le monde dans un joyeux et trivial méli-mélo où il est à la fois question de la vie, de la mort, des désirs, du sexe... (104)

Ecrit au coeur de la nuit (Emilio Carballido / traduit du mexicain) - Mexico, 1991. Trois générations cohabitent dans une maison coloniale découpée en appartements. Face aux difficultés financières croissantes, il a fallu sous-louer une soupente. Et Isabel débarque... (71)

Einstein (Ron Elisha / traduit de l'australien) - A l'heure de la mort, Einstein sombre dans le doute et dialogue avec ses voix intérieures qui dressent le bilan contradictoire d'une vie bien remplie. (118)

Enseigneur (l') (Jean-Pierre Dopagne) - Comment peut-on être "prof" quand les règles du jeu n'existent plus ? Bien plus qu'un règlement de compte avec l'école - et le théâtre ! (88)

Filles du 5-10-15¢ (les) (Abla Farhoud) - Deux adolescentes, dont la famille a quitté le Liban pour s'enraciner au Québec, végètent dans un magasin de quartier. L'aînée supporte, la plus jeune pas... (45)

Fils de l'amertume (les) (Slimane Benaïssa) - Dans l'Algérie d'aujourd'hui, les repères se sont effondrés. Le journaliste est menacé de mort pour délit de vérité ; le fils se détourne du père pour suivre ses "frères" de haine... et la mort frappe au nom de Dieu. (175)

Inaccessibles amours (Paul Emond) - Coincé entre une mère possessive et le souvenir d'un amour raté, le boucher Caracala noie sa mélancolie dans un flot de paroles et quelques verres de bière... Ce n'est pas parce qu'on est seul qu'on n'a pas soif ! (76)

Jeu du mort (le) (Francis Parisot) - Un jeune homme, au bord du suicide, rencontre un savant qui lui achète sa vie... pour meubler celle de son épouse. Un étrange jeu de mort... (50)

Les jours se traînent, les nuits aussi (Léandre-Alain Baker) - Un homme en quête de sérénité débarque dans l'appartement d'un couple au bord de la déchirure. Humour, émotion et absurde. (62)

Malaga (Paul Emond) - Deux hommes et deux femmes, bloqués un soir dans une gare de province par une grève des trains. Toute la comédie humaine à l'échelle d'une micro-société pourtant insignifiante : rancoeurs, tendresses, désirs et répulsions. (76)

Maman est morte (Nathalie Saugeon) - Colin s'est tiré une balle dans la tête au départ de celle qu'il aimait. Il est aveugle et vit avec sa soeur Julie... Une comédie intelligente, profonde et ambiguë. (173)

Mangeuses de chocolat (les) (Philippe Blasband) - Dans ce groupe de thérapie où elles devaient soigner leur "chocolatodépendance", elles s'affrontent. La thérapeute assiste, impuissante, à une véritable mutinerie qui remet singulièrement son rôle en question. (167)

Mario, va ouvrir, on a sonné (Kamagurka / traduit du néerlandais) - Mario et Rosa attendent un enfant. Autour d'eux s'agitent des personnages tendres et fous dans une sorte de ballet débridé dont l'humour trivial cache mal les questions existentielles. (154)

Minute anacoustique (la) (Paul Pourveur) - Rien n'est prêt pour le spectacle. L'Acteur et l'Actrice se retrouvent donc dans une embarrassante situation. Heureusement, pour le Technicien, tout est relatif, surtout le temps... (164)

Misère (Thierry Nlandu) - Trois clochards se penchent avec un humour irrévérencieux sur la dépouille d'une société où tout s'achète et où il ne reste au peuple que la dérision pour survivre. (85)

Monsieur Schpill et monsieur Tippeton (Gilles Ségal) MOLIÈRE 96 du meilleur texte (et spectacle) - Bruits de sirènes, canonnades... Un clown et un nain répètent inlassablement leur numéro, en remplaçant tous ceux qui ont été emportés dans la tourmente pour un voyage sans retour, au nom de l'ordre et de la pureté de la race. (138)

Moscou nuit blanche (Thierry Debroux) - Dans un hôtel, au coeur de la Russie d'aujourd'hui, se croisent hommes d'affaires, prostituées, mythomanes, écrivains et journalistes en mal d'inspiration... (135)

Nuit Blanche (Mama Keïta) - Dans un quartier sinistre, ils attendent désespérément le dernier bus. Elle est fille du trottoir ; lui enfant de la lointaine Afrique... (129)

Orphelinat (l') (Christian Rullier) - Un dictateur en fuite, sa femme et leur garde du corps trouvent refuge dans un orphelinat misérable dirigé par un pasteur alcoolique... (139)

Un homme ordinaire pour quatre femmes particulières (Slimane Benaïssa) - Fatiha, Alice, Denise et Antoinette ont toutes quatre éprouvé quelques instants trompeurs de bonheur... avant d'être confrontées à la violence ordinaire au sein du couple. (177)

Une heure avant la mort de mon frère (Daniel Keene / traduit de l'australien) - Dans le parloir d'une prison, Sally rend une ultime visite à son frère condamné à être pendu. Un texte bouleversant, plongeant ses racines dans les stigmates d'une enfance brisée. (117)

◆

Catalogue détaillé et sélections sur simple demande

Editions Lansman

63, rue Royale B-7141 Carnières-Morlanwelz (Belgique)
Téléphone (32-64) 44 75 11 - Fax/Télécopie (32-64) 44 31 02
E-mail : lansman.promthea@gate71.be

Ogre - Cornemuse
**est le cent quatre-vingt-sixième ouvrage
publié aux éditions Lansman
et le trente-et-unième
de la collection "Nocturnes Théâtre"**

370 FB - 66 FF
(Toutes taxes comprises)
ISBN 2-87282-185-6

Diffusion et/ou distribution au 1/5/97
Contacter l'éditeur
Vente en librairie et par correspondance

Les éditions Lansman bénéficient du soutien
de la Communauté Française de Belgique
(Direction du Livre et des Lettres),
de l'Asbl Promotion Théâtre et de la

*Société des Auteurs
et Compositeurs Dramatiques*

Achevé d'imprimer par l'imprimerie Daune à Morlanwelz
Dépôt légal : mai 1997